essentials

essentials liefern aktuelles Wissen in konzentrierter Form. Die Essenz dessen, worauf es als „State-of-the-Art" in der gegenwärtigen Fachdiskussion oder in der Praxis ankommt. *essentials* informieren schnell, unkompliziert und verständlich

- als Einführung in ein aktuelles Thema aus Ihrem Fachgebiet
- als Einstieg in ein für Sie noch unbekanntes Themenfeld
- als Einblick, um zum Thema mitreden zu können

Die Bücher in elektronischer und gedruckter Form bringen das Expertenwissen von Springer-Fachautoren kompakt zur Darstellung. Sie sind besonders für die Nutzung als eBook auf Tablet-PCs, eBook-Readern und Smartphones geeignet. *essentials:* Wissensbausteine aus den Wirtschafts-, Sozial- und Geisteswissenschaften, aus Technik und Naturwissenschaften sowie aus Medizin, Psychologie und Gesundheitsberufen. Von renommierten Autoren aller Springer-Verlagsmarken.

Weitere Bände in der Reihe http://www.springer.com/series/13088

Martin Fiedler

Erfolgreiche Mitarbeiterführung und Steuerung im Retail Business

Martin Fiedler
Bechtolsheim, Rheinland-Pfalz
Deutschland

ISSN 2197-6708 ISSN 2197-6716 (electronic)
essentials
ISBN 978-3-658-30077-7 ISBN 978-3-658-30078-4 (eBook)
https://doi.org/10.1007/978-3-658-30078-4

Die Deutsche Nationalbibliothek verzeichnet diese Publikation in der Deutschen Nationalbibliografie; detaillierte bibliografische Daten sind im Internet über http://dnb.d-nb.de abrufbar.

Planung/Lektorat: Irene Buttkus
Springer Gabler ist ein Imprint der eingetragenen Gesellschaft Springer Fachmedien Wiesbaden GmbH und ist ein Teil von Springer Nature.
Die Anschrift der Gesellschaft ist: Abraham-Lincoln-Str. 46, 65189 Wiesbaden, Germany

Was Sie in diesem *essential* finden können

- Universelle Führungsprinzipien zur Entfaltung der Kraft wirksamer Führung
- Handlungsorientierte Grundlagen als Erfolgskonzept für eine effektive Mitarbeiterführung
- Prinzipien effektiver Zielfindung und Zielerreichung
- Wie Führungskräfte als Multiplikatoren gezielt zur Unternehmenssicherung beitragen
- Wie durch gezielte Führungskräfteentwicklung treffsicher Positionen besetzt werden, Unternehmensbindung erhöht und Fluktuationskosten gesenkt werden

Vorwort

Führungskräfte von Filialen – das können Bezirks-, Verkaufs-, Regional-, oder Vertriebsleiter sein – haben vielschichtige unternehmerische Aufgaben. Die daraus resultierende Komplexität führt nicht selten zu Überforderungen und Ineffektivität.

Durch praxisnahe Strukturierung von Managementaufgaben auf der einen Seite und Entfaltung der Kraft wirksamer Führung auf der anderen Seite kann eine Führungskräfteentwicklung realisiert werden, die das Erreichen spezifischer Unternehmensziele erheblich befördert.

Dadurch kann gezielt, systematisch und messbar die Verbesserung der Betreibungsqualität eines Filialnetzes mit mehreren tausend Filialen und Stores positiv beeinflusst werden und damit ebenso die ökonomischen Kennzahlen.

Die Erkenntnisse in diesem Buch basieren auf empirischen Daten und meinem jahrelangen Streben, Managementaufgaben nach Hebelwirkungen zu strukturieren und die Effektivität der Mitarbeiterführung von Führungskräften und deren Multiplikationswirkung im filialisierten Einzelhandel zu verbessern.

Bechtolsheim
im März 2020

Martin Fiedler

Inhaltsverzeichnis

1 Einleitung

Die Aufgabe als verantwortliche Führungskraft (Bezirks-, Verkaufs-, Regional- oder Vertriebsleiter) für eine bestimmte Filialanzahl im Einzelhandel bringt sehr vielschichtige unternehmerische Anforderungen mit sich. Die Komplexität dieser Anforderungen macht es für diese Führungskräfte oft schwierig, Prioritäten adäquat einzuschätzen. Häufig werden zudem ausschließlich übergeordnete Unternehmensziele auf die filialisierten Regionen heruntergebrochen, sodass die zuständige Führungskraft für ihre zu betreuende Region Umsatz-, Personalkosten-, Inventur- und/oder Betriebsergebnisvorgaben erhält.

Diese Ziele sind aber nur indirekt und auch nur zum Teil von den Führungskräften der Filialen beeinflussbar. Viele wesentlich weitreichendere Faktoren beeinflussen diese übergeordneten ökonomischen Kennzahlen.

Beispielsweise wird der Umsatz von festgelegten Preisen, dem Filiallayout, dem Warenangebot und vielem mehr beeinflusst, worauf die Führungskraft im Außendienst nur geringen Einfluss nehmen kann. Ebenso gilt dies zum Teil für den Bereich der Personalkosten und dem Inventurergebnis.

Somit wird es schwierig, die tatsächliche Effektivität und die Leistung der Führungskraft in der Betreuung der ihr zugeordneten Filialen adäquat einzuschätzen. Sofern die Einschätzung der Führungskraft sich erschwert, wird auch das Thema konstruktive und effektive Mitarbeiterführung schwierig.

Weitere Anforderungen wie beispielsweise die Personalgewinnung von Filialmitarbeitern und die effektive Mitarbeiterqualifizierung im Tagesgeschäft erhöhen die Komplexität dieser Aufgabe zudem.

Damit Führungskräfte von Filialregionen im filialisierten Einzelhandel effektiver in ihrer Mitarbeiterführung werden und ihre Potenziale auch tatsächlich ausschöpfen können, brauchen sie klare Strukturen und Transparenz. Die Komplexität ihrer Aufgabe muss in diesem Sinne vereinfacht werden. Dies erfordert

M. Fiedler, *Erfolgreiche Mitarbeiterführung und Steuerung im Retail Business*, essentials, https://doi.org/10.1007/978-3-658-30078-4_1

Zielsetzungen, die die Führungskraft **bestmöglich direkt beeinflussen** kann und die messbar und vergleichbar sind.

Aus diesem Grund nenne ich diese Ziele Primärziele. Zudem müssen diese Primärziele eine bestmögliche Hebelwirkung auf die Betreibungsqualität der Filialen haben und ebenso optimal positiv auf die übergeordneten Kennzahlen wie Umsatz, Personalkosten, Inventur- und Betriebsergebnis wirken.

Des Weiteren muss eine klare Handlungsorientierung geschaffen werden, welche die Führungskraft befähigt, die festgelegten Primärziele durch eine eindeutige Vorgehensweise auch zu erreichen.

Das ist ähnlich wie bei den Disziplinen eines Zehnkämpfers, der auf jede seiner sportlichen Disziplinen durch seine Leistung einen direkten Einfluss hat und der mit Unterstützung seines Trainers und einem individuellen Trainingsplan seine Ergebnisse für jede einzelne Disziplin verbessern kann.

Durch ein Vorgehen, welches die Effektivität der Einzelziele der unternehmerischen Führungsleistung messbar macht, wird in der Zusammenfassung der Effektivität der Einzelziele – wie bei einem Zehnkämpfer im Sport – auch die Gesamteffektivität darstellbar.

Somit können Führungskräfte in der Gesamteffektivität hinsichtlich der Steuerung von Zielen objektiv eingeschätzt und verglichen werden. Zudem können die Leistungspotenziale der Führungskräfte vielfach gesteigert werden, da eine konkrete Handlungsorientierung für die Führungskraft und ihr tägliches Vorgehen Sicherheit und Motivation schafft. Aus den Zielen plus der Handlungsorientierung in Verbindung mit **regelmäßigem Feedback** resultiert eine effektive Mitarbeiterführung.

In Kap. 2 geht es darum aufzuzeigen, wie man im filialisierten Einzelhandel „von morgen“ die Mitarbeiterführung im Außendienst verbessert, um dadurch nachhaltig die Betreibungsqualität eines gesamten Filialnetzes zu steigern.

Damit verbunden ist auch der positive Einfluss auf die Umsatzentwicklung, die Personalkosten, die Inventurergebnisse und daraus resultierend auch die Verbesserung des Betriebsergebnisses, in dem wirtschaftlich bedeutende Primärziele mit großen Hebelwirkungen, speziell für das verantwortliche operative Management von Filialregionen, definiert und fortlaufend umgesetzt werden.

Um diese Primärziele messbar darzustellen, ist die Implementierung eines auf diese Ziele abgestimmten Managementinformationssystems (MIS) notwendig. Dies erfordert eine hohe Organisationskompetenz. Neben der Organisationskompetenz ist vor allem Umsetzungskompetenz gefragt, denn eine Führungskraft ist keine „Kaffeemaschine“, die man einkauft und die dann möglichst problemlos *gefälligst* ihre Funktion zu erfüllen hat.

Insofern kann nur ein Zusammenwirken von Organisationskompetenz plus Umsetzungskompetenz die notwendige Handlungskompetenz schaffen, um Führungskräfte im filialisierten Einzelhandel dazu zu befähigen, ihre Führungsleistung optimal zu entwickeln.

Ist das Unternehmen in der Lage dies zu leisten, kann es gezielt Führungskräfte entwickeln, welche in ihrer Multiplikationswirkung deutlich effektiver als bisher die Personalqualität im Filialnetz verbessern können.

Umsetzungskompetenz resultiert aus praktischer Erfahrung und kanalisiert sich in unternehmens-individuellen Primärzielen mit eindeutiger Handlungsorientierung für Führungskräfte.

Eine effektive Mitarbeiterführung orientiert sich an (Primär)zielen mit großen Hebeln und dem Coaching von Handlungsorientierung in Verbindung mit regelmäßigem Feedback. Letzteres ist gleichzusetzen mit zielorientierter Verhaltensbeeinflussung und äußerst effektiv, da es große Hebelwirkungen im Hinblick auf die Betreibungsqualität der Filialen und den ökonomischen Kennzahlen hat.

„Handlungskompetenz“

Ein Unternehmen wird nur so gute Führungskräfte und Mitarbeiter haben, wie es sie sich im wahrsten Sinne des Wortes verdient. Denn ebenso wie bei der Entwicklung von Filiallayouts, der Filialnetz- oder Warenangebotsentwicklung, kann nur ein durchgängiges und nachhaltiges Konzept zur Qualitätsentwicklung und Gewinnung von Führungskräften und Mitarbeitern langfristig eine gute Betreibungsqualität von Filialen sicherstellen und sie dabei unterstützen, die Unternehmensziele zu erreichen.

Im Kap. 3 geht es um das Thema Personalgewinnung und Führungskräfteentwicklung auf den unterschiedlichen Ebenen des Außendienstes und der Filialen.

Gezielte Qualifizierung der Mitarbeiter steigert ihre Unternehmensbindung und ist somit in einem Markt mit annähernder Vollbeschäftigung essenziell.

Systemische zielorientierte Qualifizierung auf allen Ebenen wirkt sich positiv auf die Entwicklung von Fluktuationsraten aus. Hohe Fluktuationsraten sind kostenintensiv und schaden dem Unternehmen nachhaltig.

Die Bedeutung von gesundem Wachstum und damit verbunden die permanente Herausforderung, mit unterschiedlichen Mitteln fortwährend den Umsatz zu steigern, runden das Kapitel ab.

Operatives Management

2

2.1 Bedeutung der Führungskraft als Multiplikator

Die unterschiedlichen Führungsebenen, welche die Betreuung und Steuerung des Filialbereichs verantworten, haben eine enorme multiplikative Macht, die falsch gelenkt, dem Unternehmen extremen Schaden zufügen kann. Konstruktiv gelenkt können diese multiplikativen Energien aber geradezu „heilbringend" sein.

Die gesamte gelebte Unternehmenskultur, gelebte Führungsgrundsätze und die Mitarbeiterqualitätsentwicklung in den Filialen sind abhängig von der Multiplikationswirkung der Außendienstführung.

Schon diese wenigen vorgenannten Aspekte beeinflussen nachhaltig:

- Mitarbeiterzufriedenheit
- Fluktuationsrate
- Personalkosten
- Kundenzufriedenheit
- Umsatz
- Inventurergebnisse
- Betriebsergebnis

Neben der strategischen Führung des Unternehmens gibt es aus meiner Sicht im filialisierten Einzelhandel keine bedeutendere Funktion als die der Außendienstführung von Filialregionen. Denn diese enormen Multiplikationsenergien müssen dringend positiv konstruktiv entwickelt und gelenkt werden, um dem Filialunternehmen Stabilität zu geben.

M. Fiedler, *Erfolgreiche Mitarbeiterführung und Steuerung im Retail Business*, essentials, https://doi.org/10.1007/978-3-658-30078-4_2

Aufgrund der Bedeutung, die der Vertrieb somit für das Gesamtunternehmen hat, geht es darum, alles dafür zu tun, dass die Qualität der Führungskräfte von Filialregionen fortlaufend verbessert werden kann.

Zudem müssen sich sämtliche Abteilungen des Unternehmens als Dienstleister für den Vertriebsaußendienst verstehen. Allen Abteilungen muss bewusst gemacht werden, was von der Arbeit und Wirkung der Außendienstführung abhängt: Letztlich die Unternehmenssicherung und damit auch die Gehaltszahlungen an alle Beschäftigten.

Die Vertriebsleitung muss strategisch im Sinne der Qualitätsentwicklung ihrer Führungskräfte/Multiplikatoren denken und lenken und sollte nicht durch andere Abteilungen gesteuert werden.

Die Arbeitszeit der Führungskräfte/Multiplikatoren muss sich zum Großteil auf Tätigkeiten konzentrieren können, die eine bestmögliche Hebelwirkung in Bezug auf deren Primärziele haben.

Dafür ist auch eine effektive Kommunikation erforderlich. Eine aufgeblähte Mailkommunikation, beispielsweise über zahlreiche Genehmigungsstufen oder cc-Mails, ist nicht zielführend.

Führungskräfte im Außendienst mit einer so weitreichenden Verantwortung müssen auch in einem vertretbaren Rahmen selbstverantwortlich handeln können. Diesen Verantwortungsrahmen gilt es adäquat zu definieren.

2.2 Festlegung von messbaren Primärzielen

Für Führungskräfte von Filialregionen ist das Erreichen von Zielsetzungen wie Umsatz-, Personalkosten- und Inventurzielen als Gradmesser für die Führungsleistung nicht hinreichend aussagekräftig. Ursache dafür sind weitreichende Faktoren, welche auf diese Größen wirken und auf welche die Führungskraft von Filialregionen nur zum Teil und nur indirekt Einfluss nehmen kann.

Eine erfolgreiche Mitarbeiterführung setzt aber generell Ziele voraus, die von der Person, welche diese Ziele zu erreichen hat, auch selbst beeinflussbar und ansteuerbar sind.

Aus diesem Grund macht es Sinn sogenannte Primärziele zu definieren, auf welche die Führungskraft einen **bestmöglichen direkten Einfluss** nehmen kann und die messbar und vergleichbar sind.

Zudem müssen diese Primärziele eine bestmögliche Hebelwirkung auf die Betreibungsqualität der Filialen haben und sich ebenso positiv auf die übergeordneten Kennzahlen wie Umsatz, Personalkosten, Inventur- und Betriebsergebnis auswirken.

Beispiele für solche Primärziele sind:

- Personalbesetzungsvorgabe von Filialen
- Stundenverbrauchsvorgaben von Filialen
- Linearer Urlaubsabbau von Filialen
- Vorgabe einer Krankenquote
- Kassier-Qualitätsvorgaben
- Revisionsvorgaben
- Präventions- und Kontrollvorgaben
- Filialoptik-Vorgaben

Bevor Primärziele unternehmensindividuell festgelegt werden, geht es zunächst darum zu entscheiden, was genau in der Wirkung der Außendienstführung für das jeweilige Handelsunternehmen die größte Bedeutung hat.

Im Folgenden wird die Bedeutung der vorstehenden Beispiele für Primärziele und ihre Multiplikationswirkung näher betrachtet.

Die Personalbesetzung wirkt im Grunde auf alles:

- Mitarbeiterzufriedenheit
- Kundenzufriedenheit
- Fluktuationsrate
- Krankenrate
- Personalkosten
- Möglichkeit zum linearen Urlaubsabbau
- Filialoptik
- Umsatz
- Inventurergebnis
- Betriebsergebnis

Dass eine passende Personalbesetzung fast alle Aspekte beeinflusst, liegt auf der Hand und muss nicht näher erläutert werden.

Nur so viel: Stellen Sie sich vor, es gäbe nur eine Person in der Filiale – diese hätte mächtig Stress, denn sie müsste die Kasse bedienen, Ware einräumen, Kunden beraten, auf Ladendiebe achten, ohne Pause die gesamte Ladenöffnungszeit durcharbeiten, auch am Wochenende, dabei das Arbeitszeitgesetz „missachten" und noch den eigenen Urlaub abbauen, obwohl ja die Filiale dann nicht besetzt ist.

Es ist also von größter Bedeutung, die Filialen mit einer adäquaten Personalbesetzung auszustatten. Was adäquat ist, steht im Zusammenhang mit dem filialindividuellen Stundenaufwand, der sich an Umsatzgröße und Filialfläche orientieren kann.

Jedes Unternehmen muss selbst entscheiden, wie es diesen Stundenaufwand berechnet. Ich persönlich empfehle einen einfachen Algorithmus, der sich an Umsatzgröße in Kombination mit der Verkaufsfläche koppelt. Man kann aber auch sämtliche Filialtätigkeiten im Einzelnen an einen Zeitaufwand koppeln und daraus den Gesamtzeitaufwand einer Filiale ermitteln.

Es ist aber nicht die Komplexität eines Algorithmus entscheidend, sondern dessen Praxistauglichkeit. Und praxistauglich ist ein Algorithmus nur dann, wenn er zuverlässig für mindestens 99 % des Filialsystems zuverlässige und adäquate Stundenvorgaben liefern kann, die nicht manuell nachgebessert oder händisch überprüft werden müssen.

Die derzeit im filialisierten Einzelhandel gängige Praxis bezüglich der Messung von Wirtschaftlichkeit orientiert sich häufig lediglich an einer sogenannten Stundenleistung. Diese wird ermittelt, indem der erzielte Gesamtumsatz durch die dafür eingesetzten Arbeitsstunden geteilt wird, woraus der erzielte Umsatz je eingesetzter Stunde resultiert.

Durch den Vergleich von Stundenleistungen unterschiedlicher Verkaufsstellen kann zwar deren Wirtschaftlichkeit miteinander verglichen werden, aber die Aussagekraft hinsichtlich der Arbeitsleistung der Beschäftigten ist fragwürdig. Denn je höher der Umsatz, desto leichter werden auch höhere Stundenleistungen erzielt.

Sofern eine Filialorganisation heterogene Umsatzgrößen innerhalb ihres Filialnetzes generiert, ist der Vergleich von Stundenleistungen bezüglich der Arbeitsleistung von Beschäftigten in den Filialen daher wenig aussagekräftig.

Im Hinblick auf eine gerechte und adäquate Einschätzung von Arbeitsleistung und zur Optimierung von Arbeitsabläufen sowie zur Reduzierung von Schwachstellen in Filialen ist die Ermittlung einer individuellen konkreten Stundenvorgabe pro Filiale nicht nur sinnvoll, sondern nach meiner Ansicht mehr als nur empfehlenswert.

Die adäquate personelle arbeitsvertragliche Besetzung einer Filiale resultiert aus dem ermittelten durchschnittlichen Gesamtstundenaufwand pro Woche und Monat inklusive der Stunden, die für den Urlaubsabbau benötigt werden. Zudem sind Stunden auf der Basis einer kalkulatorischen Krankenrate zu berücksichtigen.

Und nun zu den weiteren oben vorgestellten Primärzielen:

Das Primärziel Einhaltung einer filialindividuell adäquaten Stundenverbrauchsvorgabe hat ebenso wie die Krankenrate Einfluss auf die Personalkosten.

Ein linearer Urlaubsabbau hat wiederum Einfluss auf die Krankenrate. Denn wer zu lange ohne Erholungspausen durcharbeitet, kann krank werden – von Burnout will ich gar nicht sprechen, aber auch eine solche Entwicklung kann durch falsche oder fehlende Zielvorgaben entstehen.

Die Umsetzung und Einhaltung von Revisionsvorgaben, Präventions- und Kontrollvorgaben, sowie die Kassierqualität haben Einfluss auf das Inventurergebnis.

Die Filialoptik-Vorgaben wirken auf den Umsatz, da sich die Filialoptik, Grundordnung, Sauberkeit und Freundlichkeit der Filialbeschäftigten sehr direkt auf die Kundenzufriedenheit auswirken.

Es bestehen also eine ganze Menge an Wechselwirkungen zwischen den Primärzielen. Fokussiert man nur einzelne Ziele, kann ein Ungleichgewicht entstehen, sodass bedeutende ökonomische Kennzahlen abdriften. Es ist deshalb von außerordentlicher Bedeutung – wie auch bei einem Zehnkämpfer – alle wesentlichen Disziplinen stets im Fokus zu halten.

Die Entscheider jedes Unternehmens müssen sich Gedanken darüber machen, auf welche Primärziele die Außendienstführung der Filialregionen mit deren Multiplikations-Macht wirken soll.

Man kann mit ausreichend kreativem Denken noch viele weitere Primärziele definieren, die hier nicht aufgeführt sind, man muss diese nur messbar machen. Es sollte aber beachtet werden, dass diese auch einen entsprechend großen Hebel im Hinblick auf die Unternehmensziele haben.

Auch hierfür ist kreative organisatorische Kompetenz gefragt, denn sämtliche festgelegten Primärziele müssen in ein Management-Informations-System (MIS) implementiert werden. Zielsetzungen machen ja nur dann Sinn, wenn diese auch messbar gemacht werden und die Resultate jederzeit oder zumindest turnusmäßig – mindestens monatlich – abrufbar sind.

2.3 Handlungsorientierung zur Steuerung der Primärziele

Jeder Führungskraft ist nur so gut, wie ihre eigene gegenwärtige Erfahrung und ihr Wissen sie es ihr ermöglichen.

Jedes Unternehmen hat nur so gute Führungskräfte, wie es selbst in der Lage ist und die Fähigkeit besitzt, durch eigene Führung deren Qualität in der Außendienstführung zu verbessern.

Effektive Primärziele mit großen Hebeln zu definieren ist die eine Seite, die andere ist es, die Führungskräfte nicht allein „im Regen stehen“ zu lassen und zu erwarten, dass jede Führungskraft, die „ja dafür bezahlt“ wird, auch „gefälligst“ ihre Ziele erfüllt. Das ist keine Mitarbeiterführung.

Mitarbeiterführung kann definiert werden als zielorientierte Verhaltensbeeinflussung. Die wichtigsten Primärziele der Führung wurden in Abschn. 2.2 definiert.

Die Motivation zur Verhaltensbeeinflussung wird nicht durch die bloße Definition der Ziele erreicht, sondern durch klare Handlungsempfehlungen – ich nenne dies „Handlungsorientierung“.

Handlungsorientierung schafft Motivation – nämlich das nachvollziehbare Motiv oder den Grund für das Handeln.

„Handlungsorientierung“

Für jedes Primärziel gilt es also zu überlegen, was konkret zu tun ist, um in den einzelnen „Disziplinen“ effektiv Verbesserungen zu erreichen.

Und diese handlungsorientierte Vorgehensweise ist in Meetings und Einzelcoachings zu vermitteln. Gleichzeitig ist die Effektivität der Führungskräftewirkung regelmäßig zu prüfen und zu klären, sofern Handlung und Wirkung nicht das gewünschte Ziel erreichen.

Diesen Vorgang bezeichne ich als zielorientiertes Coaching. Nur auf dieser Basis können Führungskräfte zu TOP-Managern ausgebildet und entwickelt werden.

Ich möchte nun einige Beispiele aufzeigen, wie Handlungsorientierung hinsichtlich unterschiedlicher Primärziele aussehen kann:

Primärziel Personalbesetzungsvorgabe

Hierfür muss die Führungskraft das passende Personal in ausreichender Zahl einstellen. Je nach Region klagen Führungskräfte mitunter darüber, wie schwierig es sei, Personal zu finden. Ich behaupte, dass es nur in der „Wüste" schwierig ist, Personal zu finden, oder dort, wo kein Kunde zum Einkaufen in die Filialen kommt. Diese Filialen würden aufgrund von mangelndem Umsatz und fehlendem Ertrag jedoch ohnehin geschlossen werden.

Überall dort, wo Kunden einkaufen, gibt es auch potenzielle Interessenten für die zu besetzenden Stellen. Leider sind Führungskräfte oft bequem, schalten teure, in ihrer Wirkung relativ anonym wirkende Stellenanzeigen mit zum Teil geringem Erfolg oder machen durch mehr oder weniger interessante Personalsuchplakate darauf aufmerksam, dass in der jeweiligen Verkaufsstelle Personal gesucht wird. Danach überlassen sie nicht selten dem Filialpersonal die Sammlung von Kontaktdaten oder Bewerbungsmappen.

Die Frage ist, wie das Filialpersonal im hektischen Alltag mit solchen Anfragen umgeht. Ein Interessent muss sich erst einmal überwinden, um das Filialpersonal diesbezüglich anzusprechen. Er muss dann noch das Glück haben, auf mit solchen Anfragen vertrautes Filialpersonal zu treffen.

Meine Auffassung ist, dass sich in der heutigen Zeit annähernder Vollbeschäftigung das Unternehmen um interessante Kandidaten bewerben muss und diese Angelegenheit nicht dem Zufall überlassen sollte.

Die für die Filialen direkt verantwortliche Führungskraft, die das Unternehmen repräsentiert, muss ein Großteil ihrer Arbeitszeit auf der Verkaufsfläche wirken. Dies kann sie nur leisten, sofern sie ganztägige Filialbesuche plant, möglichst wenig Zeit im Auto verbringt und täglich durch ein regelrechtes **Filial-Besuchs-Event** sowohl Mitarbeiter-Coaching betreibt als auch spontane Vorstellungsgespräche mit potenziellen Kandidaten führt.

Erfahrungsgemäß sind rund 3 bis 5 % der Kunden täglich an einer Mitarbeit in der Filiale interessiert. Die Zielgruppe kann noch größer werden, wenn auch Wiedereinsteigerinnen – wie Mütter während oder nach der Kindererziehung – gezielt angesprochen werden.

Die direkte Außendienstführungskraft einer Filialregion sollte nicht im Büro wirken wie ein „Glühwürmchen“, sondern eher auf der Verkaufsfläche wie ein „Leuchtfeuer“.

Primärziel Stundenvorgabe
Um Stundenvorgaben einhalten zu können, muss man sich mit den Arbeitsabläufen in der jeweiligen Filiale beschäftigen:

- Welches Warenvolumen ist täglich einzuräumen, um das Wochenvolumen leisten zu können?
- Welche Besonderheiten bestehen in der Filiale?
- Ist es ein hochfrequentierter Standort in 1A-Lage mit kleiner Fläche? Dort macht es gegebenenfalls Sinn, die Ware außerhalb der Ladenöffnungszeit einzuräumen.

Es geht darum, klare Tages-Zielvorgaben für jeden einzelnen Filialmitarbeiter zu definieren, damit die Stundenvorgabe als Team eingehalten werden kann.

Die Bedeutung des Themas Führung innerhalb der Filiale gewinnt mit wachsendem Umsatz und größeren Filialteams an Bedeutung. Das bedeutet, die Arbeitsleistung innerhalb der Filiale muss kontrolliert werden und die Filialmitarbeiter brauchen regelmäßiges, konstruktives und wertschätzendes Feedback, um sich zu entwickeln. Darauf muss die verantwortliche Außendienstführungskraft Einfluss nehmen und sie muss die Fähigkeit besitzen, Filialleiter und Filialteams konstruktiv zu coachen.

Primärziel linearer Urlaubsabbau
Obwohl Urlaubsabbau einfach klingt, sieht die Praxis oft anders aus. Häufig wird ein Großteil des Urlaubs in die zweite Jahreshälfte transportiert, was in Filialunternehmen erhebliche Verschiebungen von Personalkosten zur Folge hat. Zudem wirkt ein überproportionaler Urlaubsabbau zu bestimmten Jahreszeiten destabilisierend auf die Betreibungsqualität der Filialen.

Zunächst sollte der Gesamtjahresanspruch aller Beschäftigten einer Filiale ermittelt werden. Aus dem Gesamtanspruch ergibt sich, wie viel Urlaub pro Monat durchschnittlich abgebaut werden muss. Sofern noch Ansprüche aus Urlaubssperren bestehen, ist der Urlaub auf die restliche Gesamtzeit linear zu verplanen.

Die Urlaubspläne sollten bis Mitte Dezember des Vorjahres erstellt und genehmigt sein, damit die Filialmitarbeiter ihren Jahresurlaub auch mit ihren Familien planen können.

Im Vorfeld sind Gespräche mit dem Filialleiter die Basis, um das Verständnis für eine lineare Urlaubsplanung erreichen zu können. Der eigentliche Urlaubsplan stellt 50 % des Erfolges dar.

Die verantwortliche Führungskraft muss dann auf Grundlage der Filial-Einsatzpläne im laufenden Jahr prüfen, dass der geplante Urlaub in der Praxis auch wie vereinbart genommen wird. Wenn Urlaubstage in begründeten Fällen verschoben werden, sollte unmittelbar mit der Verschiebung auch die Ersatzurlaubsplanung fixiert werden.

Primärziel Vorgabe einer Krankenquote

Für manche Führungskräfte mag dies ein heikles Thema sein, aber wer sich nicht für die Gesundheit seiner Mitarbeiter interessiert, muss sich nicht über eine hohe Krankenrate wundern.

Allein schon das vorstehende Thema – der lineare Urlaubsabbau – hat erheblichen Einfluss auf die Krankenrate. Wenn Mitarbeiter länger als sechs Monate ohne Urlaub durcharbeiten oder Mitarbeiter mit ansteckenden Krankheiten zur Arbeit kommen, kann dies die Krankenquote signifikant erhöhen.

Bei einem guten Betriebsklima, das eine ausreichende Besetzung voraussetzt, kann der Dienstplan vor allem im Teilzeitbereich ohne weiteres schnell und flexibel angepasst werden. Dies befördert ein respektvolles Miteinander in der Filialgemeinschaft – und man wird sich wundern können, wie positiv sich dies auf die Krankenrate auswirken kann.

Zudem bestehen betriebliche Vorgaben wie zum Beispiel die „Betriebliche Gesundheitsförderung" (BGF) in Verbindung mit der gesetzlichen Vorgabe des „Betrieblichen Eingliederungsmanagements" (BEM): Nach Krankenzeiten oder während längerer krankheitsbedingter Abwesenheit soll die Möglichkeit für die betreffenden Beschäftigten eingeräumt werden, vertrauliche Gespräche mit den verantwortlichen Führungskräften zu führen, um klären zu können, inwiefern das Unternehmen einen Beitrag zur Gesundheitsförderung leisten kann.

Möglicherweise sind die Arbeit bzw. bestimmte Aspekte im Filialalltag ja auch ursächlich für die Krankheit. Auch hierfür sollten individuelle Lösungen gefunden werden.

Es geht auch darum von Unternehmensseite einschätzen zu können, wann und auf welche Weise, der Beschäftigte wieder in den Arbeitsprozess integriert werden kann, um Planungssicherheit zu gewährleisten.

Und vor allem geht es darum, echtes Interesse am Menschen zu zeigen. Dieses Verhalten hat eine enorme Wirkung auf den Menschen und beeinflusst die Krankenrate erfahrungsgemäß messbar positiv.

Primärziel Kassierqualitätsvorgaben
„Inventuren werden an der Kasse gemacht“, zumindest ist das häufig die Aussage von Handelsexperten.

Entstehungsorte von Inventurverlusten sind zum Großteil die Verkaufsflächen. Häufig zeigen Statistiken im Einzelhandel auf, dass auf der Verkaufsfläche über 50 % der Inventurverluste durch Kunden- und Mitarbeiterdiebstahl realisiert werden.

Aber auch die Kassierqualität gilt mit rund 18 % als ursächlich für Inventurverluste.

Nach Angaben von zahlreichen Statistiken und Einschätzungen entfällt noch ein geringerer Teil auf den Warenaus- und Wareneingang sowie auf administrative Verluste.

Somit kann durch das Verhalten an der Kasse nicht unerheblich auf das Inventurergebnis gewirkt werden.

Kassier-Verhalten ist ein automatisiertes Verhalten. Durch regelmäßige Schulungseinkäufe, durchgeführt von der Führungskraft mit anschließendem Feedback-Gespräch, kann korrektes Verhalten an der Kasse sehr wirtschaftlich und effektiv sensibilisiert werden.

Der Schulungseinkauf kann folgende Punkte berücksichtigen:

- Befindet sich die gesamte Ware auf der Kassentheke?
- Hat der Kunde möglicherweise noch Ware in der Hand?
- Befindet sich noch etwas auf-in-unter dem Einkaufswagen?
- Beachtung des „toten Winkels“ im Einkaufswagen
- Wird eine Hohlkörperkontrolle durchgeführt?
- Wird jeder Artikel einzeln gescannt?
- Ist der Umgang mit dem Wechselgeldvorgang korrekt?
- Begrüßung und Verabschiedung

Die Ergebnisse des Schulungskaufs könnten ebenfalls zum Beispiel per MDE-Gerät übertragen werden, womit auch die gesamte Kassierqualitätsentwicklung eines Filialunternehmens messbar und darstellbar wäre.

Auf Revisions-, Präventions- und Kontrollvorgaben als Primärziel möchte ich nicht im Einzelnen eingehen, da diese sehr unternehmensindividuell ausfallen.

Sofern diesbezüglich Ziele formuliert werden, müssen diese auch, wie jedes andere Ziel, messbar und darstellbar gemacht werden.

Früh- und Spätkontrollen könnten ebenfalls durch digitalisierte Übertragungen Mittels MDE-Gerät erfolgen. Bei administrativen Prüfungen könnten ebenso durch MDE-Geräte Kontrollergebnisse übertragen werden, die dann aber von einer unabhängigen Revision sporadisch zu überprüfen wären, um die Qualität der Kontrollen durch die Führungskräfte gegenzuprüfen.

Zum Thema „administrative Kontrollen" ist noch erwähnenswert, dass der Zeitaufwand für diese Tätigkeit im Verhältnis zur Hebelwirkung stehen sollte. Die Administration hat nur einen relativ geringen Einfluss auf Inventurergebnisse. Insofern muss auch die eingesetzte Arbeitszeit der Multiplikatoren dafür entsprechend gering gehalten werden.

Generell ist von großer Bedeutung, in allen Bereichen effektiv mit großen Hebeln zu wirken, und nicht wertvolle multiplikative Arbeitszeit mit Tätigkeiten zu verschwenden, die nur eine kleine Hebelwirkung auf Ziele haben.

Primärziel Filialoptik-Vorgaben

Filialoptik sollte durch einen standardisierten Filialcheck erfolgen, der direkt bei jedem einzelnen Prüfpunkt den Grad des Korrekturbedarfs dokumentiert. Dies könnte in einem „Ampelsystem" erfolgen.

Ist das Ergebnis für einen Prüfpunkt gut oder besser, ist bei diesem Punkt kein Korrekturbedarf gegeben.

Im Bereich des Korrekturbedarfs (KB) wird zwischen kleinem Korrekturbedarf (grüner KB), mittlerem Korrekturbedarf (gelber KB) und großem Korrekturbedarf (roter KB) unterschieden.

Mit der unbedingten Vorgabe, dass noch während der Anwesenheit der Außendienst-Führungskraft jeder einzelne korrekturbedürftige Prüfpunkt um mindestens eine Stufe verbessert wird. Die Umsetzung sollte immer sofort starten und nicht irgendwann, getreu dem Sprichwort: „Was du heute kannst besorgen, verschiebe nicht auf morgen." Die Filialoptik wirkt permanent auf die Kunden, insofern gibt es keinen hinreichenden Grund, den festgestellten Korrekturbedarf nicht sofort anzupacken.

So kann die verantwortliche Führungskraft, die weitgehend auf der Verkaufsfläche agiert, nicht nur Personal einstellen, sondern auch die Umsetzungsqualität des Korrekturbedarfs durch gezieltes Coaching und Kontrolle tagtäglich vor Ort verbessern und eine bessere Einschätzung bezüglich der Filialbeschäftigten erreichen.

Die Führungskraft sollte diesen Check morgens durchführen. Die Filialleitung sollte anschließend auf dieser Grundlage mit ihrem Filialteam den Korrekturbedarf umsetzen und dann selbst die neue Einschätzung darstellen dürfen. Somit steigt die Motivation des Filialleiters, die Filiale zu optimieren und nach anschließender Endkontrolle durch die Führungskraft das Ergebnis digital zu übertragen.

Hinter den einzelnen Prüfpunkten könnten systemseitig Schulnoten hinterlegt werden. Daraus würden sich pro Prüfpunkt insgesamt vier Einschätzungsstufen ergeben:

Gut oder besser	=	Note 2
Korrekturbedarf grün	=	Note 3
Korrekturbedarf gelb	=	Note 4
Korrekturbedarf rot	=	Note 5

Besteht ein Filialcheck zum Beispiel aus 25 Prüfpunkten, kann aus diesen Werten systemseitig eine durchschnittliche Filialnote ermittelt werden, ohne dass die Außendienstführungskraft eine eigene subjektive Gesamtnoteneinschätzung abgeben muss.

Somit besteht die Möglichkeit, die Entwicklung der Filialoptik nicht nur zwischen morgens und abends zu vergleichen, sondern auch im Zeitablauf.

Zudem sollten Filialoptik-Optimierungen täglich und mit direktem Umsetzungs-Nachdruck in Verbindung mit effektiven Ganztagesbesuchen der zuständigen Außendienstführungskraft erfolgen.

Da dies an sämtlichen Tagen des Einsatzes aller Führungskräfte/Multiplikatoren in deren jeweiligen Filialregionen geschieht, wirkt die gesamte Außendienstmannschaft eines Filialunternehmens mit effektivster Umsetzungsmacht jeden Tag positiv sowohl auf die Filialoptik als auch auf die Personalgewinnung.

Mein persönliches Fazit ist, dass im filialisierten Einzelhandel die Führungskraft von morgen als „Macher" und „Händler auf der Verkaufsfläche" mit eindeutigen Primärzielen und klarer Handlungsorientierung strukturiert und motiviert tätig sein muss, um die Filialregion auf fundamentstarke Beine zu stellen.

2.4 Ranking der Primärziele zur Einschätzung der Effektivität

Bei der Darstellung der Primärziele in Verbindung mit deren Handlungsorientierung habe ich bereits vereinzelt darauf hingewiesen, dass jedes Ziel messbar und darstellbar gemacht werden muss.

Dies sollte in einem dafür zu implementierenden Unternehmens-MIS erfolgen, damit die Außendienstführungskräfte turnusmäßig mit der Zielerreichung und deren Führungswirkung konfrontiert werden können.

Ein zentraler Bestandteil bei der Entwicklung von Führungskräften zu Top-Managern ist, Handlung und Wirkung regelmäßig zu reflektieren. Auch wenn klare Primärziele und Handlungsorientierung transportiert werden, sind Wirkungseffekte und Ergebnisse oft unterschiedlich.

Das lässt sich mit Leistungen im Profi-Sport vergleichen. Trotz aller Professionalität gibt es bessere und schwächere Ergebnisse. Im Team können wir aber voneinander lernen und auch Handlungsorientierungen weiterentwickeln, wenn wir bereit sind, von den Besten zu lernen.

Führungskräfte kann man in ihrer Effektivität nur weiterentwickeln, wenn man die Ergebnisse regelmäßig reflektiert und sich bei Zielverfehlungen konstruktiv mit der Führungskraft über die Ursachen austauscht und diese im Hinblick auf eine effektivere Handlungsorientierung coacht.

Jedes auch in den Beispielen dargestellte Primärziel lässt sich ranken:

- Aus der aktuellen personellen Besetzung einer Filiale resultiert eine vertragliche Gesamtstundenzahl aller Beschäftigten, welche die Besetzungsvorgabe aus Gesamtstundenaufwand + Stunden für Urlaub + kalkulierten Krankenstunden erreichen muss. Anderenfalls wirft das System ein Besetzungsproblem in der betreffenden Filiale aus. Auf die Filialregion bezogen kann somit ein prozentuales Besetzungsproblem ermittelt werden – nämlich aus der Filialanzahl mit Besetzungsproblemen im Verhältnis zu der zu betreuenden Filialanzahl in der Filialregion. Somit kann ein prozentuales vergleichendes Ranking erfolgen.
- Die Stundenverbrauchsvorgabe kann systemseitig mit den tatsächlich verbrauchten Stunden abgeglichen werden und auf die Filialregion im Soll-Ist-Vergleich dargestellt werden. Die Stundenüber- oder -unterschreitung kann anteilig ermittelt und mit anderen Regionen verglichen werden.
- Der Urlaubsabbau kann prozentual mit linearen Sollwerten verglichen und gerankt werden.
- Die Krankenquote lässt sich direkt prozentual vergleichen.
- Kassier-, Revisions- und Kontrollvorgaben lassen sich strukturiert digital erfassen, somit ist auch der Erfüllungsgrad der Vorgaben in einem Ranking darstellbar.
- Auf die Filialoptik und deren Schulnoten-Mittelwertberechnung wurde oben bereits eingegangen. Die Entwicklung lässt sich sowohl in einem Tagesumsetzungsgrad zwischen Gesamtnote früh/spät als auch im Zeitablauf darstellen.

Ziel all dessen ist, dass Führungskräfte so entwickelt werden, dass sie in allen Primärzielen mindestens ein befriedigendes Ergebnis erzielen.

Es verhält sich wie bei einem Zehnkämpfer im Sport. Nicht der Sportler wird Olympiasieger, der in einer Disziplin der Beste ist, sondern der, welcher in allen Disziplinen zu den besten 30 % gehört.

Es sei noch angemerkt, dass – sofern das gesamte Team ein hohes Level erreicht hat – dennoch irgendjemand auf dem letzten Platz stehen muss. Dieser Wert kann trotzdem zielkonform sein.

Umgekehrt kann auch der Platz 1 nicht zielkonform sein, wenn dieser zum Beispiel noch 20 % Besetzungsprobleme aufweist. Ich würde in einem solchen Fall sagen, dass dieser erste Platz den sprichwörtlichen „Einäugigen unter den Blinden" darstellt.

Neben dem Ranking sollten deshalb konkrete Zielvorgaben formuliert werden, die auch erfüllt sein könnten, sofern die Führungskraft im Ranking auf einem der hinter Plätze rangiert. In einer Region mit vielen Top-Führungskräften können durchaus alle Manager ihre Ziele erfüllt haben, da sich alle auf einem sehr hohen Niveau bewegen. Dennoch wird es im Ranking einen letzten Platz geben. In einem Top-Team kann aber, wie dargestellt, der letzte Platz dennoch zielkonform sein.

2.5 Steuerungseffektivität und Einschätzung von Führungskräften

Um Führungskräfte nicht nur in ihrer Einzelprimärzieleffektivität einzuschätzen, muss die Gesamteffektivität ermittelt werden, die aus dem Ranking der einzelnen Primärziele abgeleitet werden kann.

Besteht eine Region aus beispielsweise zwölf Bezirks- oder Regionalleitern, resultiert – sofern keine ergebnisgleichen Werte innerhalb eines Primärziels vorliegen – eine Platzierung von 1 bis 12 in den Einzeldisziplinen. Bei ergebnisgleichen Werten ist die Platzierung dieser Personen identisch.

Aus sämtlichen Einzelplatzierungen ergibt sich eine gesamte Quersumme pro Außendienstführungskraft.

Die Führungskraft mit der niedrigsten Quersumme steht somit auf Platz 1 der gesamten Monatsauswertung, alle weiteren Führungskräfte mit den jeweils höheren Quersummen auf den weiteren Plätzen.

Beispiel zur Quersummenermittlung

Primärziele:	Führungskraft A	Führungskraft B	Führungskraft C
Besetzungsproblem	Platz 1	Platz 4	Platz 4
Stundenvorgabe	Platz 5	Platz 3	Platz 1
Urlaubsrest	Platz 3	Platz 5	Platz 2
Krankenquote	Platz 9	Platz 1	Platz 3
Kassier-Qualität	Platz 2	Platz 3	Platz 4
Revisionsvorgaben	Platz 7	Platz 6	Platz 3
Filialoptik	Platz 4	Platz 1	Platz 5
Quersumme:	**31**	**23**	**22**
Monatsranking	**3**	**2**	**1**

Die Gesamteffektivität der einzelnen Führungskräfte ist so messbar darstellbar und vergleichbar.

Neben dem daraus resultierenden Monatsgesamtranking kann des Weiteren ein kumuliertes Jahresranking dargestellt werden.

Ich nenne dies „Champions-Race", indem für die monatlichen Platzierungen Punkte vergeben werden – ähnlich wie bei der Formel 1.

Beispielsweise können bei zwölf Führungskräften bei einer Monatsplatzierung von 1 bis 12 für Platz 1 zwölf Punkte vergeben werden, für Platz 2 elf Punkte, für Platz 3 zehn Punkte usw. Man kann aber auch Punkte ausschließlich für die ersten acht Platzierungen vergeben (Zwei-Drittel/Ein-Drittel-Wertung).

Somit lassen sich die Effektivität und Managementqualität kumuliert darstellen. Auf diese Weise lässt sich auch ein Jahressieger ermitteln.

Da diese Ziele von den Unternehmensentscheidern auf der Basis der größten Hebelwirkung im Hinblick auf die Filialbetreibungsqualität und die ökonomischen Kennzahlen ausgewählt wurden, ergibt sich so ein aussagekräftiges Instrument, um die Qualität und Effektivität der Führungskräfte zuverlässig einzuschätzen und auch weiter zu entwickeln.

Damit kann man die Multiplikationskräfte des filialisierten Einzelhandels messbar positiv, konstruktiv und höchst effektiv auf ökonomische Kennzahlen hin lenken, insbesondere hinsichtlich des Betriebsergebnisses und der gesamten Filialbetreibungsqualität.

2.6 Führung von Führungskräften

Für mich persönlich bestehen vier wesentliche Führungsgrundsätze, die mein Führungsverhalten bestimmen:

- Erwarte von dir selbst mehr als jeder andere!
- Erwarte von deinen Mitarbeitern mehr als jeder andere!
- Sei mehr für deine Mitarbeiter da als jeder andere!
- Gib deinen Mitarbeitern Sicherheit!

Erwarte von dir selbst mehr als jeder andere!
Wenn ich plan- und systemlos unterwegs bin, kann ich nicht erwarten, dass sich irgendjemand systematisch in eine Richtung bewegt. Also muss ich mir schon Gedanken darüber machen, was ich wie erreichen will und vor allem, auf welche Weise die Unternehmensziele bestmöglich erreicht werden können.

Mit dieser Denkhaltung habe ich über viele Jahre durch Ausprobieren von Wirkungszusammenhängen bezogen auf die Führung von Führungskräften, Umsetzungskompetenz erworben.

Dabei geholfen haben mir eine gewisse Begabung, Komplexität zu vereinfachen, verbunden mit kreativem Lösungsdenken und dem Streben nach Fokussierung auf große Hebelwirkungen.

Erwarte von deinen Mitarbeitern mehr als jeder andere!
Deshalb versuche ich, meiner Führungsmannschaft diese Denkweise zu vermitteln und sie auf sie zu übertragen. Die Steigerung von Führung ist aus meiner Sicht Überzeugung – also versuche ich täglich zu überzeugen, denn wer von etwas überzeugt ist, wird stetig und nachhaltig danach handeln.

Damit stelle ich große Erwartungen an meine Führungsmannschaft. Vermutlich größere Erwartungen als jeder andere.

Sei mehr für deine Mitarbeiter da als jeder andere!
Ich möchte aber auch für jeden Mitarbeiter mehr da sein als jeder andere. Ich möchte jederzeit in puncto Respekt ein positives und konstruktives Vorbild sein.

Ich betone hier „möchte", denn ich will hier nicht behaupten, dass ich dies jederzeit in der Wahrnehmung aller auch tatsächlich bin. Hier kommen Themen der subjektiven Wahrnehmung wie Eigen- und Fremdbild oder Sender und Empfänger ins Spiel.

Selbst im Rahmen eines Meetings ist die Wahrnehmung der jeweils anderen Personen unterschiedlich. Sowohl kommunizierte Informationen als auch Gestik und Mimik werden von Mensch zu Mensch unterschiedlich dekodiert. Dies ist abhängig von der „Landkarte im Gehirn" jedes Einzelnen.

Deshalb ist es wichtig, sich in einer möglichst einfachen Ausdrucksweise zu üben und sich zu überlegen, wie man Informationen möglichst allgemein verständlich transportiert.

Der respektvolle Umgang und das positive und konstruktive Reagieren auf jede Angelegenheit – zum Beispiel auch auf jede einzelne Mail – stellt auch einen Teil davon dar, für jeden Mitarbeiter mehr als jeder andere da zu sein. Zudem erzielt man dadurch viel häufiger die gewünschte Wirkung. Führen bedeutet schließlich auch, die eigene Wirkungskraft aufrecht zu erhalten.

Natürlich ist auch die persönliche Anteilnahme von besonderer Bedeutung, sofern es einem Mitarbeiter nicht gut geht oder persönliche Probleme bestehen.

Gib deinen Mitarbeitern Sicherheit
Zudem ist Sicherheit, sich sicher zu fühlen, ganz entscheidend für eine im wahrsten Sinne des Wortes vertrauensvolle Zusammenarbeit.

Sicherheit schafft Offenheit, Offenheit schafft Transparenz und Wissen um die Befindlichkeit von Mitarbeitern. Sicherheit verdrängt die Angst, die weder Energie noch Ideen fließen lässt.

Sicherheit ist aber auch Grundlage für ein gutes Teambuilding, das hilft, voneinander zu lernen und Synergien zu nutzen.

Schafft man ein solch förderliches Umfeld, wird man staunen, was für bereichernde Beiträge die Gehirne vieler Führungskräfte liefern.

2.7 Stellenbesetzung und Beförderungen

Ein ganzheitliches System, das die Gesamteffektivität von Führungskräften messbar macht, ermöglicht auch ein Beförderungssystem nach Effektivität und Leistung, ähnlich wie in der Fußball-Bundesliga: Die besten Mannschaften steigen auf.

Dieses System ist nicht nur gerecht, sondern für beide Seiten – sowohl für die Mitarbeiter als auch das Unternehmen – äußerst wertvoll.

Auf Mitarbeiterseite schafft es zusätzliche Motivation und Anerkennung für die beförderten Führungskräfte, die bewiesen haben, dass sie effektiv und erfolgreich Ergebnisse steuern können.

Für das Unternehmen schafft es die Sicherheit der zielsicheren Stellenbesetzung und Beförderung, da Führungskräfte und deren Potenziale nun bekannt sind und sie das System und das Unternehmen mit noch größerer Multiplikationswirkung voranbringen können.

2.8 Empirische Resultate

Im Geschäftsjahr 2018/2019, indem ich erstmals die in diesem Essential veröffentlichte Vorgehensweise vollumfänglich in der Praxis testen konnte, waren die Resultate bereits mehr als überzeugend.

Von zehn Filialregionen innerhalb der Bundesrepublik Deutschland konnte meine Filialregion mit über 170 Filialen und 17 Bezirksleitern von insgesamt 66 Rankingwerten (6 Primärziele x 11 Monate = 66 Rankingwerte) 55mal eine Top-3-Platzierung erreichen.

Aufgrund einer Neuaufteilung der Regionen für das neue Geschäftsjahr war die Darstellung der Primärziele im zwölften Monat nicht mehr gewährleistet, sodass sich die Werte dieser Primärziele auf elf statt auf zwölf Monate beziehen.

Meine Filialregion erreichte in den Primärzielen konkret:

- 27mal Platz 1
- 22mal Platz 2
- 6mal Platz 3

innerhalb der Bundesrepublik Deutschland.

Die stärksten Monate (Mai 2018 und Januar 2019) ergaben dreimal Platz 1 und dreimal Platz 2.

Über das Geschäftsjahr (11 Monate) hinweg ergab sich aus allen Primärzielplatzierungen ein Platzierungsmittelwert von 2,6.

Die folgende Tabelle zeigt die Auswertung der Platzierungen im Geschäftsjahr 2018/2019 – die markierten Werte stellen sämtliche Top-3-Platzierungen dar – 55 von insgesamt 66 Platzierungen:

Platzierung 2018	Besetzungs-probleme	Einhaltung Stunden	Filialnote	Revisions-vorgabe	Kranken-Quote	Resturlaub
Mai	1	2	2	1	2	1
Juni	1	3	1	2	4	2
Juli	2	4	1	2	1	2
Aug.	1	6	1	2	1	2
Sep.	1	9	1	1	7	3
Okt.	1	7	1	2	3	3
Nov.	2	2	1	1	4	4
Dez.	2	3	1	2	3	2
Platzierung 2019	**Besetzung-probleme**	**Einhaltung Stunden**	**Filialnote**	**Revisions-vorgabe**	**Kranken-Quote**	**Resturlaub**
Jan.	2	1	2	1	2	1
Feb.	2	10	1	4	1	1
März	2	1	1	2	6	1

Kurz vor der Veröffentlichung dieses Essentials wurden diese Werte im darauffolgenden Geschäftsjahr nochmals gesteigert, sodass die Werte in der Quersummenbetrachtung im Vergleich mit allen übrigen Gebieten, die schon um ein Vielfaches besser sind, noch besser wurden.

Strategisches Management 3

3.1 Führungskräfteentwicklung und Recruitment

Um die Führungspositionen eines Filialunternehmens bestmöglich zu besetzen, sollte das Unternehmen die eigenen Führungskräfte selbst ausbilden und entwickeln.

Da ausschließlich die Führungskräfte befördert werden sollten, die am effektivsten Primärziele steuern, sollte auf eine Direkteinstellung oberhalb der Position des Bezirksleiters verzichtet werden.

Die Bezirksleiterebene entspricht der untersten Führungsebene in der Verantwortung für mehrere Filialen – wenn auch die Positionsbezeichnungen für den vergleichbaren Verantwortungsrahmen je nach Handelsunternehmen häufig unterschiedlich sind.

Die Zielgruppe zur Personalgewinnung für diese Mitarbeiterebene sollten ambitionierte, zielorientierte Filialleiter sein, die Kontinuität bewiesen haben und bereits mehrere Jahre im selben Unternehmen diese Position bekleidet haben.

Ein weiterer Pluspunkt wäre, wenn diese Personen zudem im selben Unternehmen eine Ausbildung absolviert hätten und dann übernommen wurden.

Es könnten aber auch ambitionierte Bezirksleiter sein, die ehrgeizig sind und sich als Mensch und Führungskraft weiterentwickeln möchten und deshalb das latente Bedürfnis verspüren, das passende Unternehmen zu finden, das beispielsweise eine gezielte Führungskräfteentwicklung praktiziert und Beförderungen an transparente Leistung knüpft.

Voraussetzung wäre dann, dass das Unternehmen dafür bekannt ist, dass es so arbeitet. Das könnte Aufgabe des Personalmarketings sein, das Unternehmen nach außen so zu positionieren.

M. Fiedler, *Erfolgreiche Mitarbeiterführung und Steuerung im Retail Business*, essentials, https://doi.org/10.1007/978-3-658-30078-4_3

Neben die externe Personalgewinnung für den Bereich der Führung von Filialregionen sollte die Rekrutierung von Nachwuchskräften aus dem eigenen Filialbereich treten. Hierbei geht es vor allem um die Identifizierung von Talenten.

Neben dem Unternehmens-MIS, welches die Werte der Primärziele ebenso auf Filialebene abbilden kann, sodass auf dessen Grundlage durch gute Werte begabte Filialleiter identifiziert werden können, ist die persönliche Einschätzung von Bedeutung.

Die persönliche Einschätzung sollte nach Möglichkeit nicht ausschließlich durch die direkte Führungskraft der Filialregion erfolgen, da nicht immer global gedacht wird und gute Filialleiter manchmal nicht gerne offensiv zur Beförderung vorgeschlagen werden.

Ein Gespräch mit einem Filialleiter, den man in den „Pool" des Bezirksleiter-Anwärters hebt, schafft Anerkennung, Motivation und Unternehmensbindung.

Der „Anwärter-Pool" sollte perspektivisch im Einklang mit dem zu erwartenden Bedarf stehen, kann aber – sofern möglich – immer etwas größer als der Bedarf sein.

Auf der Filialebene betrifft dies die Definition von Filialleiter-Anwärtern, also identifizierte Talente aus der zweiten Reihe, zum Beispiel Stellvertretungen der Filialleitungen, die alle Voraussetzungen mitbringen und die auch weiterkommen möchten.

Zum einen tragen der Aufbau und die Stärkung der zweiten Reihe zur Stabilisierung der Filialbetreibungsqualität bei, zum anderen stellt dies die personelle Grundlage für Filialunternehmen mit starker Expansion dar.

Die Definition des „Anwärters" erfordert noch nicht die konkrete Einarbeitung auf die nächste Position. Dies wäre weder der passende Zeitpunkt, noch wäre dies wirtschaftlich.

Der Filialleiter-Anwärter kann im normalen Tagesgeschäft verstärkt mit den Aufgaben eines Filialleiters betraut werden, ohne dass dafür eine explizite Einarbeitung erforderlich ist.

Der Bezirksleiter-Anwärter kann von seiner zuständigen Führungskraft durch Gespräche etwas mehr Einblick in dessen Aufgabenbereich erhalten oder punktuell mit Sonderaufgaben betraut werden.

Die Begrifflichkeit „Anwärter" kann vor allem positive, wertschätzende und unternehmensbindende psychologische Wirkung entfalten.

Ein ganzheitliches transparentes Qualifizierungskonzept sowohl für den gesamten Führungsaußendienst als auch für die Filialebene kann eine gute Grundlage für die nachhaltige Verbesserung der ökonomischen Kennzahlen und der Betreibungsqualität eines Filialunternehmens schaffen.

Im zweiten Kapitel dieses Buches wurde bereits ein Qualifizierungskonzept für den Führungsaußendienst konkretisiert und dessen multiplikative, mitarbeiterqualitätsfördernde Wirkung auf den Filialbereich und damit auf das Gesamtunternehmen veranschaulicht. Durch die fortlaufende Reflexion und Verbesserung der eigenen Leistung wird das Weiterkommen im Unternehmen gewissermaßen eigenständig steuer- und einschätzbar.

Strategisch kann man diese motivierende und unternehmensbindende Vorgehensweise auch auf der Filialebene nutzen, indem aufgezeigt wird, wie jeder Mitarbeiter die Möglichkeit hat, durch eigene Leistung im Handelsunternehmen „von morgen" jede Position erreichen zu können.

Diese Strategie mit der realen Perspektive, sämtliche Positionen erreichen zu können, ob Filial-, Bezirks-, Verkaufs- oder auch Regionalleiterposition, stellt aus meiner Sicht ein wertvolles Personalmarketinginstrument dar, um leistungsbereites Humankapital aufzubauen. Zudem kann dadurch eine hohe Unternehmensbindung und somit eine Senkung von kostenintensiven Fluktuationskosten erzielt werden.

Ein entsprechendes Personalmarketing kann die Außenwirkung und somit das Image des Unternehmens hinsichtlich der persönlichen Entwicklungsmöglichkeiten und der objektiven Karrierechancen sehr positiv beeinflussen.

Damit verbunden können sich weitere positive Effekte auf Kunden und Umsatz ergeben.

3.2 Umsatzwachstum und Wirtschaftlichkeit

Gesundes Wachstum von Filialunternehmen bedeutet ein Wachstum auf der bereits bestehenden Fläche.

Wachstum, das ausschließlich durch Expansion erreicht wird, ist langfristig nicht gesund, denn wenn die Möglichkeiten der Expansion erschöpft sind, wird der Ertrag so lange sinken, bis es keinen mehr gibt.

Warum ist dies so?

Der Ertrag des Unternehmens ergibt sich aus dem Umsatz abzüglich aller Kosten.

Da die Kosten in der Regel steigen (Wareneinkauf, Personalkosten, Logistik/ Transport, Mieten) muss auch der Umsatz steigen, anderenfalls minimiert sich der Ertrag. Deshalb ist das Umsatzwachstum auf bestehender Fläche von außerordentlich großer Bedeutung.

Bei immer gleichbleibendem Umsatz und stetig steigenden Kosten wäre irgendwann der Zeitpunkt erreicht, an dem kein Ertrag mehr erzielt wird, sondern

Verluste entstehen. Dann kann man hoffentlich noch ein wenig von den vorhandenen Rücklagen leben.

Ideal ist es dagegen, wenn sich die Umsätze auf bestehender Fläche stärker entwickeln als die Kosten. Damit kann der Ertrag kontinuierlich steigen – und das ist gesund.

Wenn man dann noch aus diesen Erträgen ohne zusätzliches Fremdkapital eine Expansion finanzieren kann, ist das sehr gesund.

Generell besteht die Aufgabe des strategischen Managements darin, das erfolgreiche Fortbestehen des Unternehmens zu sichern. Dies geschieht durch sämtliche Maßnahmen, die der Umsatzsteigerung dienlich sind.

Man muss aber auch regelmäßig die Kostenseite durchforsten und prüfen, ob es (ggf. weitere) Kostensenkungsmöglichkeiten gibt, angefangen bei möglichen Mietsenkungsoptionen in strukturschwächeren Regionen in Verbindung mit Vertragsverlängerungen, durch Verschlankungen im Filialkonzept oder durch die Reduzierung von Verbrauchsmaterialien.

3.2.1 Sortimentsbreite und Umsatz

Filialunternehmen müssen Umsatzwachstum generieren, um bei steigenden Kosten keine Ertragsrückgänge zu erleiden.

Mehrumsätze lassen sich oft durch die Erweiterung von Warengruppen oder durch die Vergrößerung der Artikelanzahl pro Warengruppe erreichen.

Ein zu breites Angebot innerhalb einer Warengruppe kann aber auch Kaufzurückhaltung verursachen, da beispielsweise ein Angebot von 15 unterschiedlichen Haarbürsten beim durchschnittlichen Verbraucher eher zu Verunsicherung führt, da er nicht mehr eindeutig entscheiden kann, welche Haarbürste jetzt wohl die Richtige sei. Mit der Folge, dass der Konsument erst einmal auf den Kauf der Haarbürste verzichtet, um sich weiter zu informieren.

Es ist also entscheidend, die eigene Zielgruppe gut zu kennen. Für die Zielgruppe der Friseure kann vielleicht auch ein Angebot von 25 Haarbürsten geeignet sein und das Interesse noch vergrößern, so dass ein solcher Kunde bei einem breiteren Angebot vielleicht sogar mehrere Haarbürsten kauft.

Für den durchschnittlichen Konsumenten hingegen könnte ein Angebot von zum Beispiel drei Haarbürsten ausreichend sein. Eine günstige Haarbürste, eine im mittleren Preissegment und eine Luxushaarbürste im gehobeneren Preissegment. Nach dem Prinzip: Klares, überschaubares Angebot = schnelle Kaufentscheidung.

Die Reduzierung von Sortimentskomplexität kann beim Konsumenten schnellere Kaufentscheidungen bringen, mehr Einkaufsvolumen pro Artikel ermöglichen und auch logistisch wirtschaftlicher sein. Dieses Prinzip verfolgt vor allem der Discount-Einzelhandel.

Dennoch ist der Zusammenhang von wachsender Sortimentsbreite in Verbindung mit wachsendem Umsatzpotenzial gegeben. Die eigentliche Kunst ist, wachsende Sortimentsbreiten auf gleich großen Verkaufsflächen so zu präsentieren, dass die Wahrnehmung des Kunden dadurch nicht „erschlagen", sondern noch erweitert wird.

Schließlich wird Umsatz durch Wahrnehmung erreicht, denn vor der Kaufentscheidung steht das Gewinnen der Aufmerksamkeit des Kunden und damit die Wahrnehmung des Angebots.

Aufmerksamkeit und Wahrnehmung setzen allerdings Übersichtlichkeit voraus. Letztere kann durch Überfrachtung der Filiale mit zu viel Ware verloren gehen.

3.2.2 Relaunch und Wahrnehmung

Ein Relaunch sollte vor allem eines zum Ziel haben: Eine nachhaltige Umsatzsteigerung!

Ein Relaunch ist mit Investitionen verbunden und diese machen nur Sinn, wenn das eingesetzte Kapital auch möglichst schnell zurückfließen kann. Filialunternehmen testen deshalb in aller Regel solche Veränderungen im Marktauftritt, bevor ein flächendeckender Rollout erfolgt.

Gemäß dem Motto: „Wer nicht mit der Zeit geht, geht mit der Zeit" sind auch große Filialunternehmen nicht vor Unternehmenspleiten sicher, wenn sie nicht wachsam und flexibel zukunftsorientiert denken und handeln.

Sofern die Sortimentsbreite in einem bestehenden Filiallayout eine optimale Kundenwahrnehmung nicht mehr ermöglichen kann und der Marktauftritt im Verhältnis zu dem der Konkurrenz „in die Jahre gekommen ist", kann ein Relaunch Sinn machen.

Vor einem Relaunch sollte man alles Mögliche testen, selbst die Zusammensetzung des kompletten Warenangebotes. Am besten spielt man einfach alles durch wie bei einem „Brainstorming", von der Verbesserung des Warenangebotes bis hin zum Thema Wahrnehmungsoptimierung beim Kunden.

Noch einmal: Vor der Kaufentscheidung steht die Aufmerksamkeit und mit ihr die Wahrnehmung. Also muss man sich überlegen, wie man Warenträger so konzipiert, dass sie die Aufmerksamkeit des Kunden anziehen und die dargebotene Ware besser von ihm wahrgenommen wird.

Zwar dient ein Relaunch in der Regel der Kundenbindung und der Akquise von Neukunden, doch manchmal kann er auch dazu führen, dass man einige Kunden verliert.

Zum Beispiel kann ein modernisiertes Filiallayout dazu führen, dass Kunden höhere Preise assoziieren, da das Geschäft neuer und damit auch „teuer“ wirkt. Deshalb könnte man vielleicht die Schnäppchenjäger verlieren und „betuchtere“ Kunden, die möglicherweise eine moderne Einkaufsatmosphäre bevorzugen, gewinnen.

Bestenfalls ist die eigene Preiswürdigkeit in der Klientel schon so bekannt und manifestiert, dass die Filiale nach einem Relaunch weiterhin als preiswert wahrgenommen wird. Anderenfalls sollte der Kundenvorteil aufgrund günstiger Preise in Verbindung mit dem Relaunch bei der Warenpräsentation unbedingt berücksichtigt werden.

3.2.3 Erfolgsschraube Einkauf

Der Erfolg eines Unternehmens hat nach meinen Erfahrungen tatsächlich viel mit dem Einkauf zu tun.

Der Einkaufspreis hat letztlich erheblichen Einfluss auf den möglichen Verkaufspreis und dieser ist von immenser Bedeutung im Hinblick auf erfolgreiches Verkaufen.

Zudem ist eine ausreichende durchschnittliche Spanne zwischen dem Einkaufspreis (EK) und dem Verkaufspreis (VK) des gesamten Angebotssortimentes nachhaltig für das Überleben des Unternehmens verantwortlich.

Des Weiteren nimmt die Qualität der angebotenen Artikel maßgeblich Einfluss auf den nachhaltigen Verkaufserfolg.

In expandierenden Filialunternehmen mit stetig wachsender Filialanzahl gewinnt der Einkauf im Markt an Macht.

Durch ein hohes Einkaufsvolumen sind große Filiallisten begehrte Kunden bei Herstellern weltweit. Mit der Größe des Unternehmens steigt die Verhandlungsmacht und der Einkauf kann im Verhältnis zu kleineren Unternehmen günstiger einkaufen. Dies ist ein Punkt auf der Kostenseite, der mit wachsender Filialanzahl an Bedeutung gewinnt.

Zudem sind auch Markenhersteller für höhere Abnahmemengen immer mehr bereit, auch den Filialdiscount, nicht nur unter der Eigenmarke des Handels, als Absatzmarkt zu nutzen.

Der Einkauf kann im Vorfeld durch entsprechende Analysen und Tests die Erfolgsaussichten von Artikeln prognostizieren.

Zudem können die Entscheidungsträger des Unternehmens durch regelmäßige konstruktive Meetings mit Entwicklungsanalysen von Warengruppen und Artikeln in die Dynamik des Einkaufserfolges eingebunden werden.

Je besser dies geschieht, desto erfolgreicher kann verkauft werden.

Schlusswort

Die Entfaltung der Kraft wirksamer Führung stellt aus meiner Sicht eine erhebliche Grundlage für den langfristigen Unternehmenserfolg dar.

Strategisch sollte die Unternehmensentwicklung nicht nur durch die Expansion, das Filiallayout oder das Warenangebot bestimmt werden, sondern vor allem durch die bewusste Entscheidung, die gezielte Entwicklung von Führungskräften ernsthaft zu implementieren und umzusetzen.

Richtig gelenkt fördern und sichern Ihre multiplikativen Energien den Unternehmenserfolg nachhaltig.

M. Fiedler, *Erfolgreiche Mitarbeiterführung und Steuerung im Retail Business*, essentials, https://doi.org/10.1007/978-3-658-30078-4

Was Sie aus diesem *essential* mitnehmen können?

- Die Mechanismen erfolgreicher Führung begreifen zu können
- Dass erfolgreiche Führung als zielorientierte Verhaltensbeeinflussung nachhaltig und ganzheitlich organisiert werden muss, da Verhaltensänderung bei Menschen regelmäßiges gezieltes Wirken voraussetzt
- Wie die Entfaltung der Kraft wirksamer Führung greifbar und umsetzbar wird

M. Fiedler, *Erfolgreiche Mitarbeiterführung und Steuerung im Retail Business*, essentials, https://doi.org/10.1007/978-3-658-30078-4